# Richard Wagner
# DAS RHEINGOLD
## In Full Score

DOVER PUBLICATIONS, INC.
NEW YORK

Published in Canada by General Publishing Company, Ltd., 30 Lesmill Road,
Don Mills, Toronto, Ontario.

This Dover edition, first published in 1985, is a republication of the edition
originally published by B. Schott's Söhne, Mainz, n.d. [1873]. A new English
translation of the German-language frontmatter has been prepared specially for
the present edition by Stanley Appelbaum. From considerations of space, only the
title page and dedicatory poem appear here in German as well as English.

Manufactured in the United States of America
Dover Publications, Inc., 31 East 2nd Street, Mineola, N.Y. 11501

**Library of Congress Cataloging in Publication Data**

Wagner, Richard, 1813–1883.
  [Ring des Nibelungen. Rheingold]
  Das Rheingold.

  Opera.
  German words.
  Libretto by the composer.
  Reprint. Originally published: Mainz : B. Schott's Söhne, 1873.
  Dedicatory poem and t.p. in German with English translation by Stanley
Appelbaum; other original prefatory material in English only.
  1. Operas—Scores.  I. Title.
M1500.W13R61   1985                          85-751116
ISBN 0-486-24925-5

# DAS RHEINGOLD

("The Gold of the Rhine"): the "Preliminary Evening" of
*Der Ring des Nibelungen*

---

## CHARACTERS OF THE ACTION:

| | | | | |
|---|---|---|---|---|
| Wotan<br>Donner<br>Froh<br>Loge | } Gods | Fricka<br>Freia<br>Erda | } Goddesses | |
| Alberich<br>Mime | } Nibelungs | Woglinde<br>Wellgunde<br>Flosshilde | } Rhine Maidens | |
| Fasolt<br>Fafner | } Giants | | | |

Nibelungs.

---

## SCENES OF THE ACTION:

1. In the depths of the Rhine.
2. Open area on mountain peaks alongside the Rhine.
3. The subterranean gorges of Nibelheim.

---

## CHIEF DIVISIONS OF THE ACTION
### [Characters in the Scenes]:

Scene 1. The three Rhine Maidens and Alberich [page 1].
Scene 2. Wotan, Fricka, Freia, Fasolt and Fafner, Donner, Froh, Loge [page 84].
Scene 3. Alberich and Mime, Wotan and Loge [page 161].
Scene 4. Alberich, Wotan, Loge; the other Gods and Goddesses, with Erda [page 217].

[Note: Pages 321–327 contain the harp parts, only, of certain passages between pages 297 and 320.]

---

## VOCAL RANGES:

1. (High) soprano: Freia, Woglinde, Wellgunde.
2. Low soprano [mezzo, alto]: Fricka, Flosshilde, Erda.
3. Tenor: Froh, Loge, Mime.
4. High bass [(bass-) baritone]: Wotan, Alberich, Donner, Fasolt.
5. Deep bass: Fafner.

# Der Ring des Nibelungen

Ein Bühnenfestspiel
für drei Tage und einen Vorabend

Im Vertrauen auf den deutschen Geist entworfen
und zum Ruhme seines erhabenen Wohlthäters

des Königs

LUDWIG II.

von Bayern

vollendet von

Richard Wagner.

LONDON
SCHOTT & Cᵒ
157. Regent Street.

MAINZ
B.SCHOTT'S SÖHNE
Weihergarten 5.

BRÜSSEL
SCHOTT FRERES
Montagne de là Cour.

PARIS
EDITIONS SCHOTT

Printed in Germany.

Translation of original German title page

*(illustrated opposite):*

# The Nibelung's Ring

A Festival Stage Play
for Three Days and a Preliminary Evening

Conceived as a token of trust in
the German mind and spirit,
and completed for
the glory of his lofty benefactor

King

# LUDWIG II

of Bavaria

by

# Richard Wagner

# Dem Königlichen Freunde.

O, König! holder Schirmherr meines Lebens!
Du, höchster Güte wonnereicher Hort!
Wie ring' ich nun, am Ziele meines Strebens,
Nach jenem Deiner Huld gerechten Wort!
In Sprach' und Schrift, wie such' ich es vergebens!
Und doch zu forschen treibt mich's fort und fort,
Das Wort zu finden, das den Sinn Dir sage
Des Dankes, den ich Dir im Herzen trage.

Was Du mir bist, kann staunend ich nur fassen
Wenn mir sich zeigt, was ohne Dich ich war.
Mir schien kein Stern, den ich nicht sah erblassen,
Kein letztes Hoffen, dessen ich nicht bar:
Auf gutes Glück der Weltgunst überlassen,
Dem wüsten Spiel auf Vortheil und Gefahr,
Was in mir rang nach freien Künstlerthaten,
Sah der Gemeinheit Loose sich verrathen.

Der einst mit frischem Grün sich liess belauben
Den dürren Stab in seines Priesters Hand,
Liess er mir jedes Heiles Hoffnung rauben,
Da auch des letzten Trostes Täuschung schwand.
Im Inn'ren stärkt' er mir den einen Glauben,
Den an mich selbst ich in mir selber fand:
Und wahrt' ich diesem Glauben meine Treue,
Nun schmückt' er mir den dürren Stab auf's Neue.

Was einsam schweigend ich im Inn'ren hegte,
Das lebte noch in eines Andren Brust;
Was schmerzlich tief des Mannes Geist erregte,
Erfüllt' ein Jünglingsherz mit heil'ger Lust:

Was diess mit Lenzes-Sehnsucht hin bewegte
Zum gleichen Ziel, bewusstvoll unbewusst,
Wie Frühlingswonne musst' es sich ergiessen,
Dem Doppelglauben frisches Grün entspriessen.

Du bist der holde Lenz, der neu mich schmückte,
Der mir verjüngt der Zweig' und Äste Saft:
Es war Dein Ruf, der mich der Nacht entrückte,
Die winterlich erstarrt hielt meine Kraft.
Wie mich Dein hehrer Segensgruss entzückte,
Der wonnestürmisch mich dem Leid entrafft,
So wandl' ich stolz beglückt nun neue Pfade
Im sommerlichen Königreich der Gnade.

Wie könnte nun ein Wort den Sinn Dir zeigen,
Der das, was Du mir bist, wohl in sich fasst?
Nenn' ich kaum, was ich bin, mein dürftig Eigen,
Bist, König, Du nach Alles, was Du hast:
So meiner Werke, meiner Thaten Reigen,
Er ruht in Dir zu hold beglückter Rast:
Und hast Du mir die Sorge ganz genommen,
Bin hold ich um mein Hoffen auch gekommen.

So bin ich arm, und wahre nur das Eine,
Dem Glauben, Dem der Deine sich vermählt;
Er ist die Macht, durch die ich stolz erscheine,
Er ist's, der heilig meine Liebe stählt.
Doch nun, getheilt, nur halb noch ist er meine,
Und ganz verloren mir, wenn Dir er fehlt:
So giebst nur Du die Kraft mir, Dir zu danken,
Durch königlichen Glauben ohne Wanken.

### RICHARD WAGNER.

Starnberg im Sommer 1864.

# To My Royal Friend

O King! My patron and protector ever!
You blissful treasure of the highest good!
I've reached the goal of all my toils—but never
Can I find speech to praise you as I should!
With tongue or pen, how vain is my endeavor!
And yet I struggle to be understood,
   To speak the words which meaningfully show you
   The gratitude my heart will always owe you.


In awe, your worth to me I only savor
When I recall the time you were not there.
I had no star whose beaming did not waver,
No hope that did not fade and leave me bare:
Abandoned to the whims of worldly favor,
Tossed between thoughts of gain and dread despair,
   All that within me strove for art and splendor
   Could only to a vulgar fate surrender.


Though he who once commanded leaves new-sprouted
To clothe the withered staff held by his priest
All hopes of my salvation thereby routed,
Since every last deceptive comfort ceased,
He nonetheless confirmed my never-doubted
Trust in myself, which thenceforth but increased:
   And since I have sustained that trust right truly,
   Now he adorns the withered staff all newly.


That which in lonely silence I had plighted,
Another heart had also kept alive;
What achingly the grown man's mind excited
Did sacredly within a young man thrive:

What, half-unknown, his vernal pathway lighted
And at the selfsame goal bade him arrive,
   Had to burst forth, in springtime ardor glowing,
   From their shared faith fresh leafage greenly growing.


You are the spring that in new green has dressed me,
Filling my boughs and branches with young sap:
Too long the night of winter had possessed me;
Your call has saved me from its frozen trap.
Your blessing, which with deepest awe impressed me,
Snatched me from sorrow in a thunderclap,
   And now I walk with pride on ways enchanted
   Within the summer realm your grace has granted.


So, how then, Sire, can words, however eager,
Express the sum of what you are to me?
For I possess nought but my self so meager,
While you are you and all you hold in fee:
My works and deeds, which fate used to beleaguer,
In you at last their happy haven see:
   And if of all my cares you have bereft me,
   Not even that old hope is henceforth left me.


So I am poor, and one thing only save now—
My trust, which that firm trust of yours did wed;
That is the power which makes me proud and brave now,
'Tis that by which my holy love is fed.
But half I lack, since half of it you crave now,
And, lost by you, to me it would be dead:
   Through you alone I've strength for thanks befitting,
   So long as royal faith is unremitting.


RICHARD WAGNER

Starnberg, Summer 1864

# INSTRUMENTATION

(with the corresponding German terms and
the chief abbreviations used in the score)

**Bowed Strings:** 16 First & 16 Second Violins (erste &
zweite Violinen; Viol., V.). 12 Violas (Bratschen; Br.).
12 Cellos (Violoncelle; Vc.). 8 Double Basses (Contrabässe; CB., Cr.Bs.).

**Woodwinds:** 3 Flutes (grosse Flöten; gr.Fl., Fl.) and
1 Piccolo (kleine Flöte; kl.Fl.), which is joined in
several passages by the third flutist as second piccolo player. 3 Oboes (Hoboen; Hob., Hb.) and 1
English horn (Englisches Horn; Engl.Hr.), the
player of which also functions as a fourth oboist. 3
Clarinets (Clarinetten; Clar., Cl.) and 1 Bass Clarinet
(Bassclarinette; Bss.Cl., Bs.Cl., B.Cl.), in A and B-flat. 3 Bassoons (Fagotte; Fag., Fg.), the third of
which should be replaced by a contrabassoon if it
has not yet been adapted to reach the low
required in various passages.

**Bass:** 8 Horns* (Hörner; Hr., Hör.), 4 players of
which alternate on the following 4 Tubas (Tuben; T.,
Tb., Tub.): 2 Tenor Tubas (Tenortuben; Tenor Tub.,
Ten.Tuba, Tn.Tb., T.Tb.) in B-flat, which correspond in register to the horns in F and are thus to be
played by the first players of the third and fourth
pairs of horns, and 2 Bass Tubas (Basstuben; Bs.Tb.,
B.Tb.) in F, which correspond in register to the low
horns in B-flat and thus would be most effectively
played by the second players of the horn pairs mentioned. 1 Contrabass Tuba (Contrabasstuba;
CBTuba, CBT., CBTb.). 3 Trumpets (Trompeten;
Tromp., Trp., Tr.). 1 Bass Trumpet (Basstrompete;
Bs.Tromp., Basstrp., BTr.). 3 Tenor-Bass Trombones
(Tenor-Bass-Posaunen; Pos., Ps., Ten.Pos.). 1 Contrabass Trombone (Contrabassposaune; Contrab.Pos., CBPos.), which alternates with the ordinary trombone.

**Percussion:** 2 pairs of Kettledrums (Pauken; Pauk.).
1 Triangle (Triangel; Trgl.). 1 pair of Cymbals
(Becken; Beck., Bek.). 1 Bass Drum (grosse Trommel; gr.Tr.). 1 Gong (Tamtam; Tamt.). (In addition,
on stage: 16 anvils of varying size, according to the
detailed instructions in the pertinent section of the
score [page 157, where 18 are called for].)

**Plucked Strings:** 6 Harps (Harfen; Harf.). (In addition, on stage: a 7th Harp.)

*The individual horn notes marked with a + are always to be
played as stopped notes with additional physical effort.

# VORSPIEL UND ERSTE SCENE.

(Auf dem Grunde des Rheines. *Grünliche Dämmerung, nach oben zu lichter, nach unten zu dunkler. Die Höhe ist von wogendem Ge-wässer erfüllt, das rastlos von rechts nach links zu strömt. Nach der Tiefe zu lösen die Fluthen sich in einen immer feineren feuchten Nebel auf, so dass der Raum der Manneshöhe vom Boden auf gänzlich frei vom Wasser zu sein scheint, welches wie in Wolkenzügen über den nächtlichen Grund dahin fliesst. Ueberall ragen schroffe Felsenriffe aus der Tiefe auf, und gränzen den Raum der Bühne ab; der ganze Boden ist in wildes Zackengewirr zerspal-ten; so dass er nirgends vollkommen eben ist, und nach allen Seiten hin in dichtester Finsterniss tiefere Schlüffte annehmen lässt. — Das Orchester beginnt bei noch niedergezogenem Vorhange.*)

3 grosse FLÖTEN.
1º
2º
3º
3 FAGOTTE.
1r
2r
3r
p
Hr 1s
2s
3s
4s
5s
6s
7s
8s
immer p
1e allein
p
3 BASS-TENOR-POSAUNEN.
3e allein
1 BASSCLARINETTE in B.
1 CONTRABASS-TUBA.
8
16 erste
VIOLINEN.
16 zweite
12 BRATSCHEN.
12 VIOLONCELLI.
4 1e.
8 CONTRABÄSSE.
4 2e.

(Hier wird der Vorhang aufgezogen.)
(Volles Wogen der Wassertiefe.)

15

WOGLINDE (kreist in anmuthig schwimmender Bewegung um das mittlere Riff.)

schlecht! Besser bewacht des schlummerndenBett, sonst büsst ihr bei.de das Spiel!

*Mit muntrem Gekreisch fahren die beiden auseinnander: Flosshilde sucht bald die eine, bald die andre zu erhaschen; sie entschlüpfen ihr, und vereinigen sich endlich um gemeinsam auf Flosshilde Jagd zu machen. So schnellen sie gleich Fischen von Riff zu Riff scherzend und lachend. Aus einer finstern Schlucht ist während dem Alberich, an einem Riff klimmend, dem Abgrunde entstiegen. Er hält, noch vom Dunkel umgeben,*

an, und schaut dem Spiele der Rheintöchter mit steigendem Wohlgefallen zu.

Etwas zurückhaltend im Zeitmaass.

58

(Sie schwimmen auseinander, hierher und dorthin, bald tiefer bald höher, um Alberich zur Jagd auf sie zu reizen.)

Muth auf.

Wie ihr auch lacht und lügt, lüstern lechz'ich nach euch,und ei . ne muss mir er . lie .gen!

ALBR. *Er macht sich mit verzweifelter Anstrengung zur Jagd auf: mit grauenhafter Behändigkeit erklimmt er Riff für Riff, springt von einem zum*

andern, sucht bald dieses bald jenes der Mädchen zu erhaschen, die mit lustigem Gekreisch stets ihm ausweichen.

ALBR. *Er strauchelt, stürzt in den Abgrund, und klettert dann hastig wieder in die Höhe zu neuer Jagd.*

FLOSSH. den wonnigen Schläfer sie grüsst.          Schaut er

Jetzt küsst sie sein Au . ge, dass er es öff.'ne.

WOGL.          Durch die Flu _ then hin     fliesst sein strahlender Stern!

WELLG.          läch . . elt in lich . tem Schein.

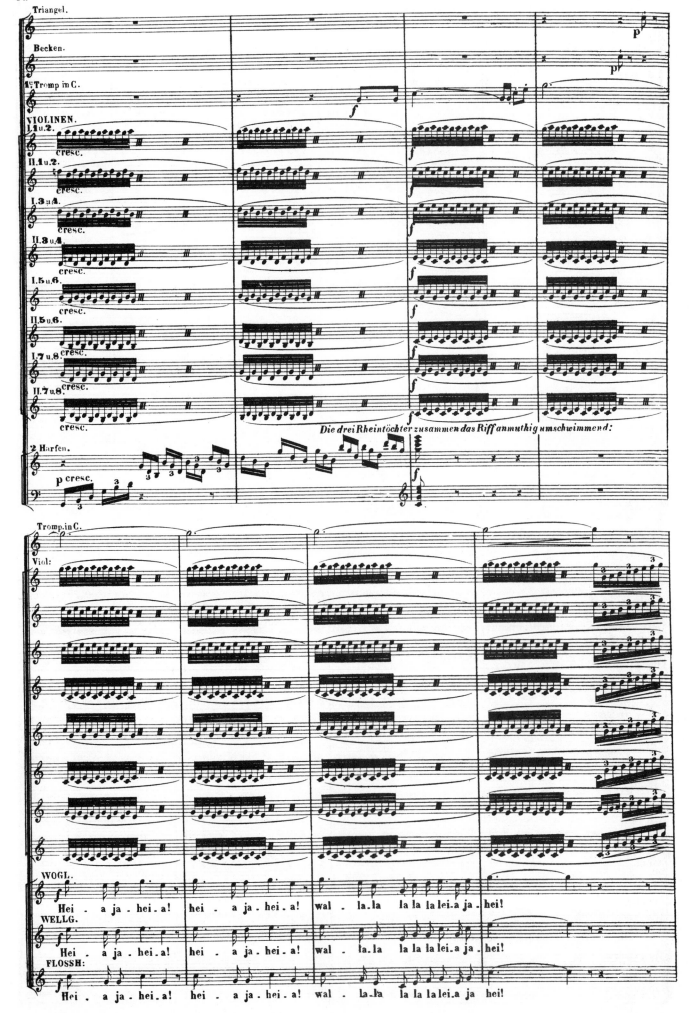

(Mit immer ausgelassenerer Lust umschwimmen die Mädchen das Riff. Die ganze Fluth flimmert in hellem Goldglanze.)

Wal - la la la    la la lei - a ja - - hei!

Wal - la la la    la la lei - a ja - - hei!

Wa - la la la    la la lei - a ja - - hei!

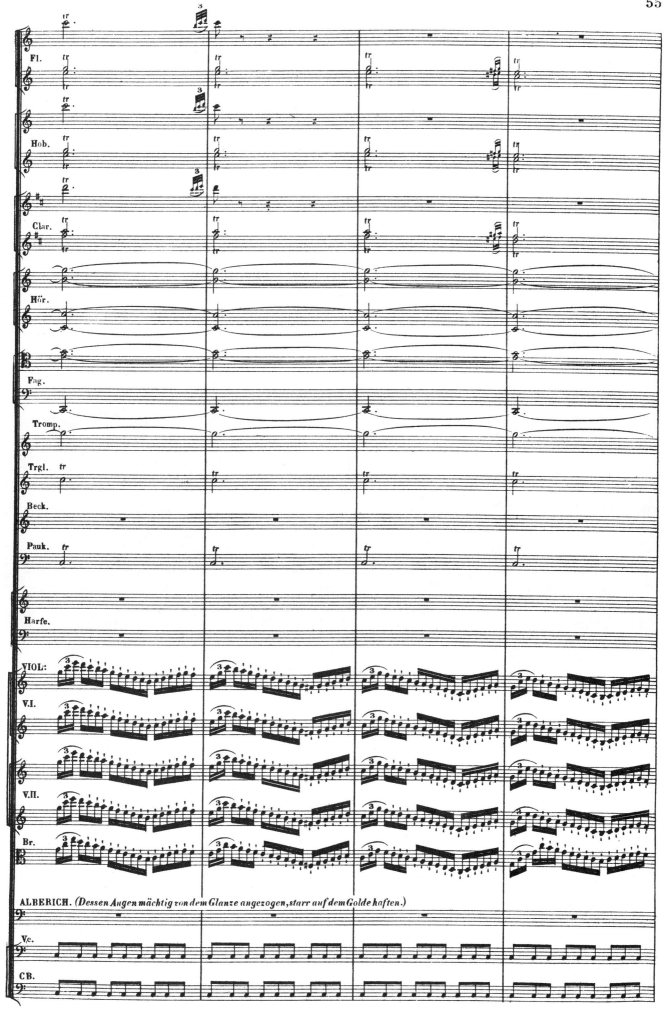

ALBERICH. *(Dessen Augen mächtig von dem Glanze angezogen, starr auf dem Golde haften.)*

★) an jedem Pulte nur der erste Spieler.

★) An jedem Pulte der zweite Spieler.

62

*) Diese Stelle wird von den 1n. und den 2n. Violinen gleich gespielt, und zwar an jedem Pulte getheilt in eine 1e. und eine 2e. Partie

78

(*Allmählich sind die Wogen in Gewölk übergegangen, welches, als eine immer heller dämmernde Beleuchtung dahintertritt, zu feinerem Nebel sich abklärt.*)

(Als der Nebel, in zarten Wölkchen, sich gänzlich in der Höhe verliert, wird, im Tagesgrauen, eine freie Gegend auf Bergeshöhen sichtbar.

WOTAN, und neben ihm FRICKA, beide schlafend, liegen zur Seite auf blumigem Grunde.)

## Zweite Scene. (Freie Gegend auf Bergeshöhen.)

*Der hervorbrechende Tag beleuchtet mit wachsendem Glanze eine Burg mit blinkenden Zinnen, die auf einem Felsgipfel im Hintergrunde steht, zwischen diesem und dem Vordergrunde ist ein tiefes Thal, durch das der Rhein fliesst, anzunehmen.*

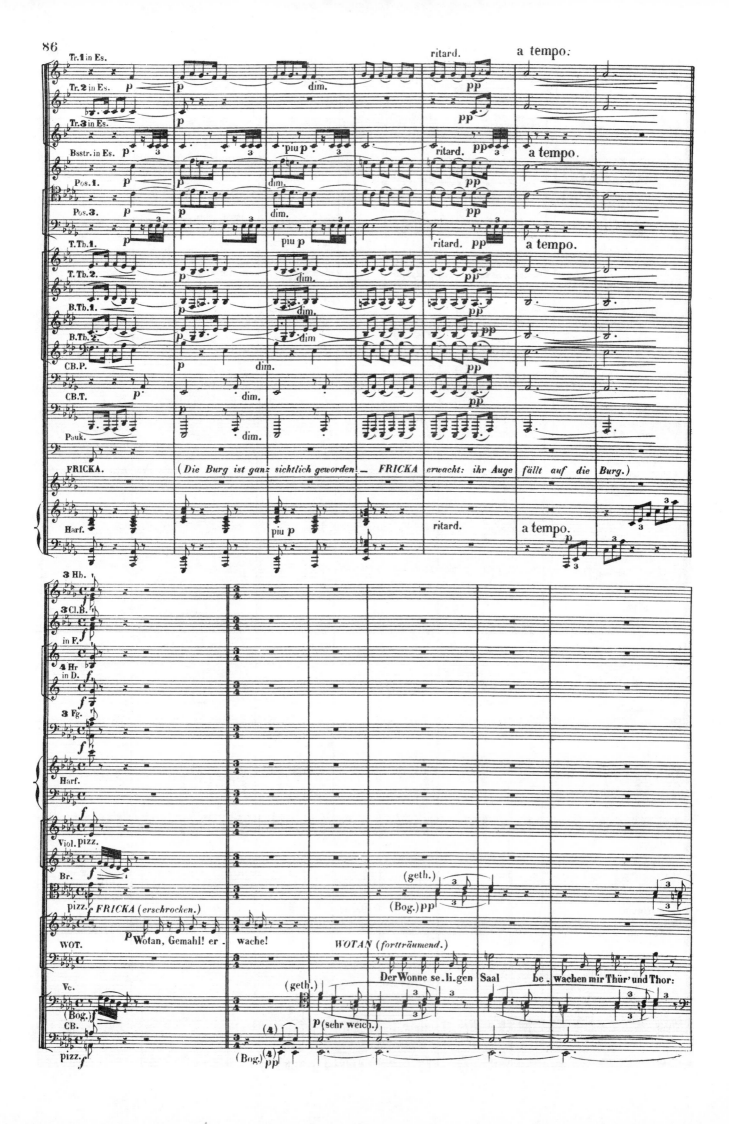

90

Was sagst du? ha! Sinn'st du Verrath? Ver - rath am Vertrag?

Die dein Speer birgt, sind sie dir Spiel des be - rath'nen Bundes Ru - nen?

Ge - treuster Bruder,

Lichtsohn du, leicht gefügter! hör'und hüte dich Ver - trägen hal.te

merk'st du Tropf nun Be - trug?

Schneller.

Schneller.

FROH. (Freia in seine Arme fassend.) (zu Fafner.)
Zu mir, Frei _ a! Mei _ de sie, Frecher! Froh schützt sie Schö _ ne.
DON. (Donner sich vor die beiden Riesen stellend)

**Lebhaft.**

Lebhaft.

**FRICK.** greif' ich dich noch, grau_samer Mann?

*Wotan wendet sich ab und sieht Loge kommen.)*

**WOT.** End_lich Loge!

**WOT.** Eil_test du so, den du geschlossenen schlimmen Handel zu

Saal, ein starkes Schloss, dan ach stand Wotan's Wunsch. Haus und Hof, Saal und Schloss, die se.li.ge Burg, sie steht nun fest ge.

baut. Das Pracht-gemäuer prüft' ich selbst, ob alles fest forscht'ich genau: Fa-solt und Faf.ner fand ich be.

122

So weit Leben und We_ben, in Was_ser, Erd' und Luft, viel frug ich, forschte bei allen, wo Kraft nur sich rührt, und

129

Clar.
Fag. 1 u. 2.
1. u. 2. (E.)
Hr. 4s (H.)
Trp. 3. E.
B Tromp.
Pos. 1.
Pauk. 3. pp
(nur 8)
(2e Hälfte)
pp trem.
Viol.
Br.
(nur 6)
FRICKA.
(FRICKA leise zu Loge)
Taug-te wohl des Gold'nen Tan-des gleissend Ge-
WOT.
Schätze schüf' oh-ne Maass ein Reif.
Vc.
CB.
pizz.
Engl. Hr.
Clar.
2 Fag.
Hr. 4s H
2e (E)
schmeid auch Frauen zu schö-nem Schmuck?
LOGE.
Des Gatten Treu' ertrotzte die Frau, trü-ge sie hold den hel-len Schmuck, den schimmernd

138

**Noch etwas langsamer.**

152

(Der Schwefeldampf verdüstert sich zu ganz schwarzem Gewölk, welches von unten nach oben steigt; dann verwandelt

sich dieses in festes, finstres Steingeklüft, das sich immer aufwärts bewegt, so dass es den Anschein hat, als sänke die Scene

155

Von verschiedenen Seiten her dämmert aus der Ferne dunkelrother Schein auf: wachsendes Geräusch wie von Schmiedenden wird überall her vernommen.

158

*Kluft wird erkennbar, die sich nach allen Seiten hin in enge Schachten auszumünden scheint.)*

# Dritte Scene.
(Nibelheim.)

168

kl.Fl.
ff
Fl.
Hob.
Clar.
Fag.
6 Hör. 1s u. 2s (D)
3s u. 4s (D)
5s u. 6s (D)
3 Pos.
CBPs.
Pauk. (B.F.)
1e BsTub. (F)
CBTb.
Viol.
Br.
MIM.
zusammen gesunken.)
ALB.
Vc u. CB.

kl.Fl.
Fl.
Hob.
d.2º allein.
Clar.
d.2º allein.
Fag.
6 Hr. 1º u. 2º
3º u. 4º
5º u. 6º
d.1º
Pos.
d.2º
f
f
Pauk.
dim
p
1r Bss Tub.
CBTb.
Viol.
Br.
MlM.
ALB.
Vc.
ff
CB.
ff
ff

(Wotan und Loge lassen sich aus einer Schluft von oben herab.)

Mässigeres Zeitmaass.

Mässigeres Zeitmaass.

Ni _ belheim hier: durch bleiche Nebel was blitzen dort feurige Funken?

MIME (am Boden.)        Au!

Immer lebhafter.

184

Wieder schnell.
3 Hb.
Engl. Hr.
3 Cl.
Bs. Cl.
Hör.
3 Fag.
Wieder schnell.
1º
Tromp. (Es.)
3º
Basstromp. (Es.)
2 Tenor Tb. (B)
2 Bass Tb. (F)
1º u. 2º Pos.
CB. Pos.
CBs. Tb.
Beck.
(mit Paukenschlägeln)
Tamtam.
Pauk.
Wieder schnell.
Viol.
(geth.)
Br.
MIME.
(Unter Geheul und Gekreisch stieben die Nibelungen – unter ihnen MIME – aus einander, und schlüpfen nach allen Seiten in die Schachten hinab.)
ALBR.
horcht des Rin-ges Herrn!
Vc.
CB.
p
cresc.
ff
pp
f
dim.

Mässiges Zeitmaass

An jedem Pult, an das 1e u. 2e V-C vertheilt.

202

stalt mir zu tauschen,   taugt der Helm.   Niemand sieht mich, wenn er mich sucht; doch ü..ber.all bin ich, geborgendem

Wieder schnell.

Blick.   So   ohne   Sor.ge   bin ich selbst si.cher vor dir, du fromm sor.gender   Freund!

**Wieder Schnell.**

(Die Scene verwandelt sich, nur in umgekehrter Weise, wie zuvor.)

Kl.Fl.
Fl. 1 u. 2.
(zu 2)
Fl. 3.
Hob. 1 u. 2.
Hob. 3.
2º u. 3º
Cl. 1
1º u. 2º
Cl. 2 u. 3.
3º
Engl. Hr.
Hr. 1 u. 2.
Hr. 3.
Hr. 4.
Fg. 1 u. 2.
Fg. 3.
Bss. Cl.
Pos. 1
Pos. 2.
Bss. Tub. 1.
CB. Tb.
1er Pauker.
2er Pauker.
Viol.
Br.
Vc.
CB.
pizz.
(Bog.)
cres.

# Vierte Scene. (Freie Gegend auf Bergeshöhen.)
(Die Aussicht ist noch in fahle Nebel verhullet wie am Schlusse der 2<sup>n</sup> Scene.)

218

223

(Wie von einem Schlage getroffen, drängen sich die Nibelungen scheu und ängstlich der Kluft zu, in die sie schnell hinab schlüpfen.)

Langsam.
1. u. 2.
3.
3 Fl.
3 Hb.
Engl. Hr.
3 Cl.
1.
2.
Hör.
3.
4.
(F)
(F)
(E)
(E)
3 Fag.
d. 2. (allein)
Bs. Cl.
2 Tromp. D.
Beck. (m. Pkschl.)
Pauk. (tief F)
Langsam.
piu p
dim.
pizz.
Viol.
Br.
WOT. (Er ergreift ALBERICH, und entzieht seinem Finger mit heftiger Gewalt den Ring.)
ALBR.
ALBERICH. (grässlich aufschreiend.)
Ha!
Zertrümmert!
Zerknickt! Der Traurigen
Vc.
CB.

Engl. Hr.
2e Cl.
3e
Bs.Cl.
1s Hr.
2s
3s (F)
4s
(E)
3 Fag.
3 Pos.
1e Bs.Tub.
CBs.Tub.
Beck. (m. Pkschl.)
Pauk. C.
4 erste V: 5s u. 6s Pult.
4 zweite V: 1s u. 2s Pult.
Viol. 4 zweite V: 3s u. 4s Pult.
4 zweite V: 5s u. 6s Pult.
Br.
ALBR.
zieh' er ihm zu! Dem
To-de verfallen, fess-le den Feigen die Furcht: so lang' er lebt, sterb' er lechzend da.
Vc.
CB. pizz.
dim.
cresc.
(trem.)

hin, des Ringes Herr als des Rin.ges Knecht: bis in mei.ner Hand den ge.raub.ten wie.der ich hal.te!

(Der dichte Nebelduft des Vordergrundes klärt sich allmählich auf.)

LOGE (nach rechts in die Scene blickend:)

Fasolt und Fafner nahen von

fern: Frei.a füh.ren sie her. (Aus dem sich immer mehr zertheilenden Nebel erscheinen Donner, Froh und Fricka, und eilen dem Vordergrunde zu.)

*) Der Vordergrund ist wieder ganz hell geworden; das Aussehen der Götter gewinnt
durch das Licht wieder die erste Frische: über dem Hintergrunde haftet jedoch
noch der Nebelschleier, so dass die ferne Burg unsichtbar bleibt.

4 Hör.
1º u. 3º Hr. (F)
2º u. 4º Hr. (F)
(zu 2)
Bs.Cl. B.
3 Fag.
(zu 3)
3 Pos.
1º u. 2º Pos.
2 Tenor Tub.
(B)
(zu 2)
p (mässig gestossen)
2 Bs. Tub.
(F)
2 Beck.
Pauk.
Erster und Zweiter Pauker abwechselnd.
(C)
(D)
(Es)
Br.
(gemessen)
(immer gestossen)
(LOGE und FROH häufen hastig zwischen den Pfählen das Geschmeide.)
Vc.
pizz.
(Bog.)
CB.
cresc.
1º u. 3º (zu 2)
2º u. 4º (zu 2)
Bs.Cl.
3 Fag. (zu 3)
1º u. 2º
(zu 3)
2 Ten. Tub.
2 Bs. Tub.
(F)
FAS.
FASOLT.
Nicht so leicht und locker gefügt!
(Mit roher Kraft

FAF. Freund! An Wo-tan's Finger glänzt von Gold noch ein Ring: den gebt, die Rit-ze zu füllen!

WOT. Lasst euch

Wie? Die-sen Ring?

WOT. rathen: den Rheintöchtern gehört diess Gold; ih-nen giebt Wotan es wieder.

Was schwatzest du da? Was schwer ich mir erbeutet,

Immer lebhafteres Zeitmaass.

Langsam.

(Wotan wendet sich zürnend zur Seite.)
(Die Bühne hat sich von Neuem verfinstert.)

(Aus der Felskluft zur Seite bricht ein bläulicher Schein hervor: in ihm wird plötzlich Erda sichtbar, die bis zu halber Leibeshöhe aus der Tiefe aufsteigt.)

ERDA. (die Hand mahnend gegen Wotan ausstreckend.)

WOT. Wei-che, Wotan, weiche! Flieh' des Ringes Fluch! Rettungslos dunklem Verderben weiht dich sein Ge-winn.

WOTAN. Wer

3 Flöt:
2 Hob.
Engl.Hr.
2 Clar.
4 Hör:
(E)
3 Fag.
3 Pos.
(d.2e allein)
CBs.Ps
2 Tn.Tub
1s Bs.Tb
CBs.Tb
2r Pauk(A)
(1r Pauk Gis)
Tamtam.(m.einem grossen Trommel-Schlägel.)
Viol.
(immer pp
pizz. pp
Br.
ERDA.
düst'. rer Tag dämmert den Gött . ern: dir rath' ich, mei . de den Ring!
WOT.
Ge.
Vc.
CB.

(Er wirft den Ring auf den Hort. Die Riesen lassen Freia los:)

**WOT.**

Ihr Riesen, nehmt euren Ring!

**Sehr lebhaft**

(Sie eilt freudig auf die Götter zu, die sie abwechselnd längere Zeit in höchster Freude liebkosen.)

(Doppelgriff)

274

Engl.Hr.

Clar. 1e

2s

Hör: 4s

3 Pos. (zu 3)

2 Tn.Tub.(B)

2 Bs.Tub.(F)

CBTb.

Pauk.(tief F)

FRICKA.

WOT.

DON. zahlt' ich den Bau___!

*DONNER (auf den Hintergrund deutend, der noch in Nebel gehüllt ist.*
Schwü - les Ge - dünst schwebt in der

Vc. u. CB.

2 Tn. Tub.

2 Bs. Tub.

CBTb.

Pauk.

Br.

DON. Luft; lästig ist mir der trü - be Druck! Das bleiche Gewölk samml' ich zu blitzendem Wetter; das fegt den Himmel mir

Vc.

280

(**Donner** *besteigt einen hohen Felsstein am Thalabhange, und schwingt dort seinen Hammer; mit dem Folgenden ziehen die Nebel sich um ihn zusammen.*)

282

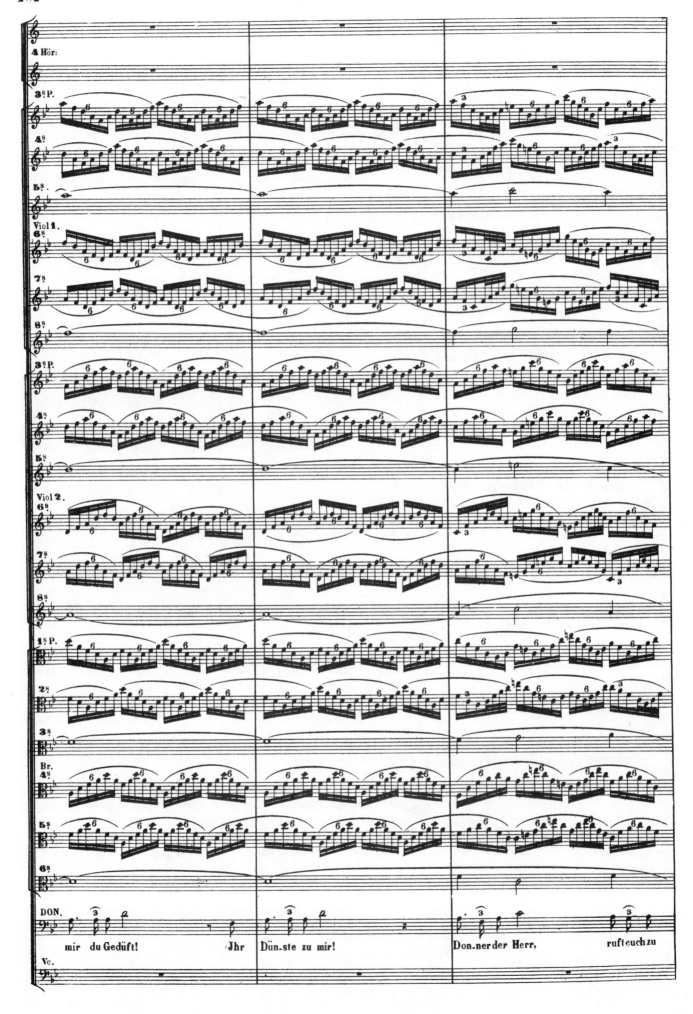

285

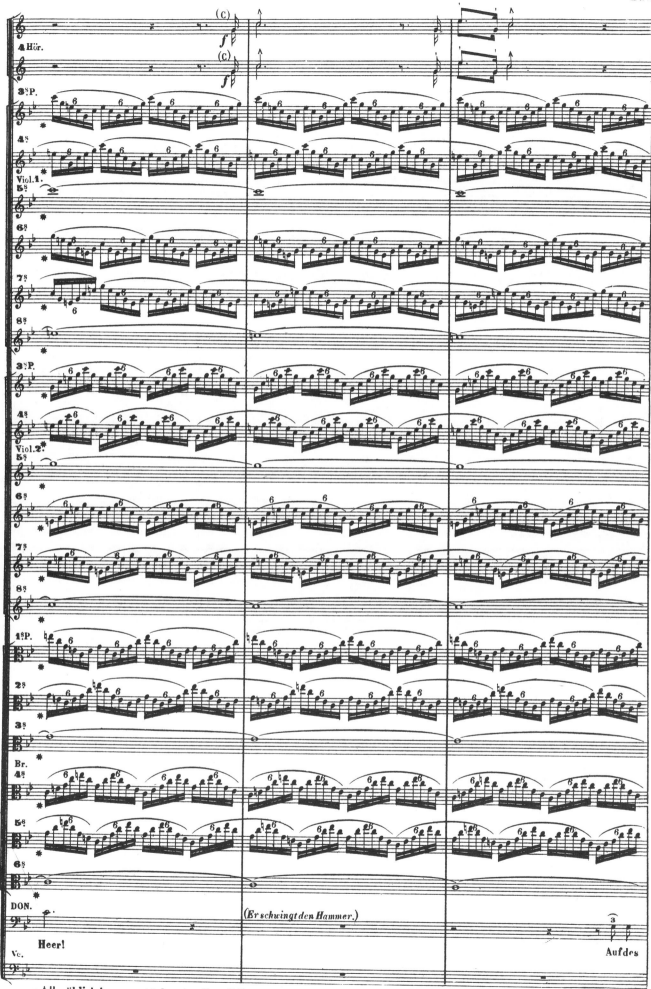

* Allmählich immer stärker in allen Stimmen

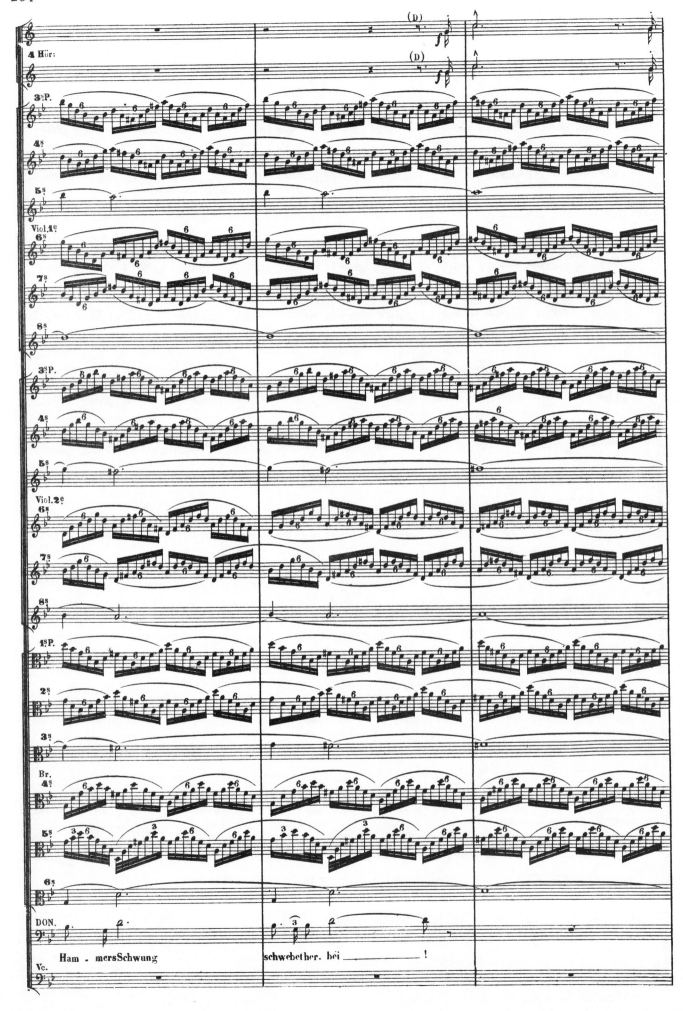

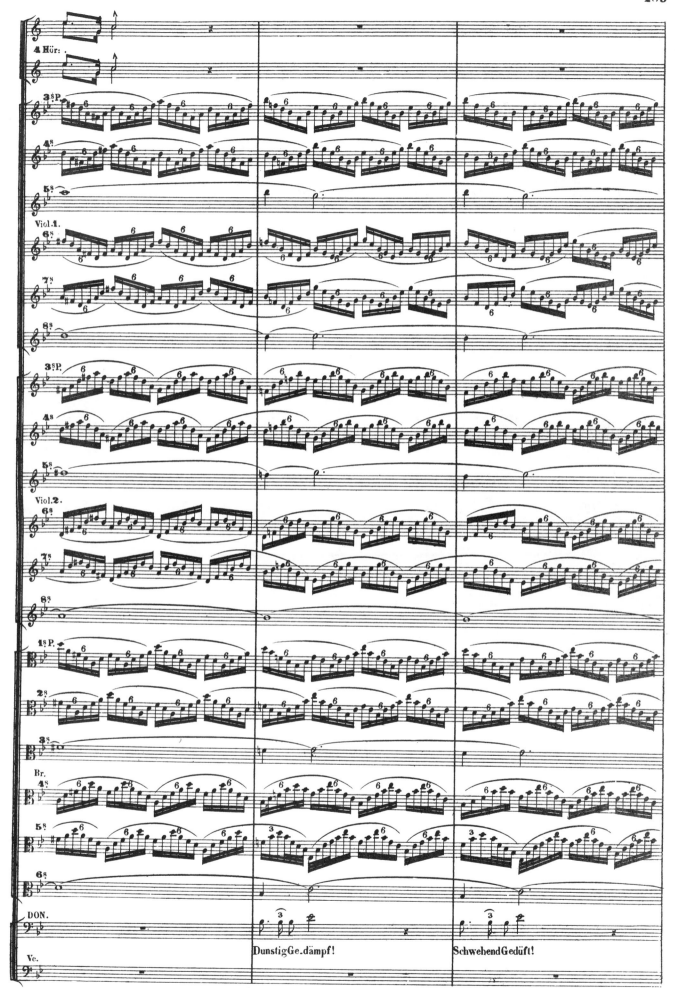

DunstigGe.dämpf!

SchwehendGedüft!

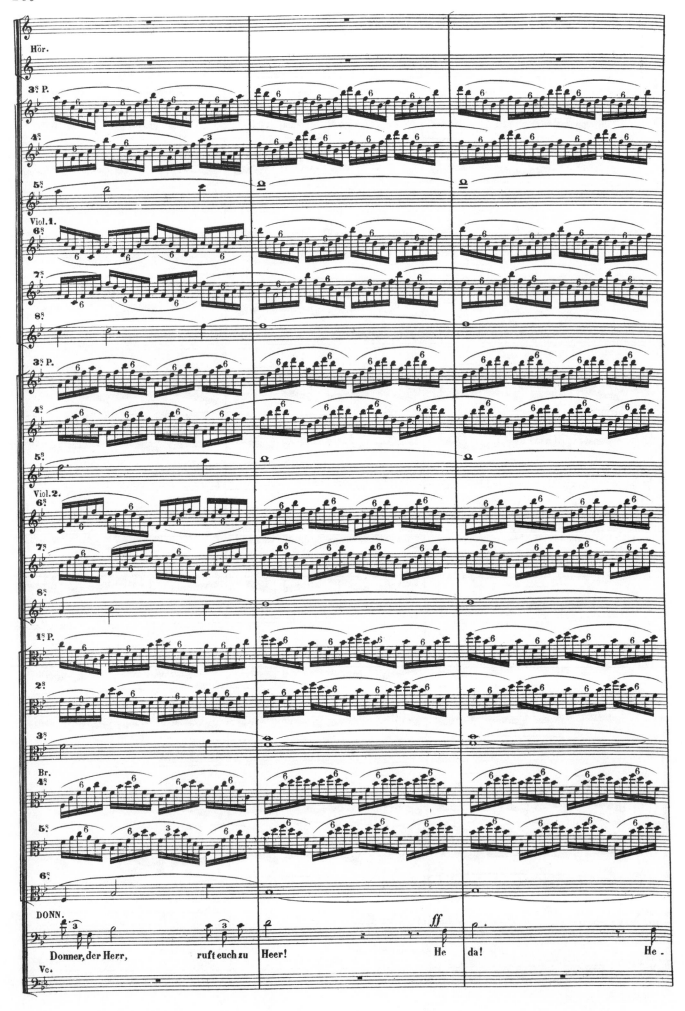

Donner, der Herr,      ruft euch zu Heer!      He da!      He .

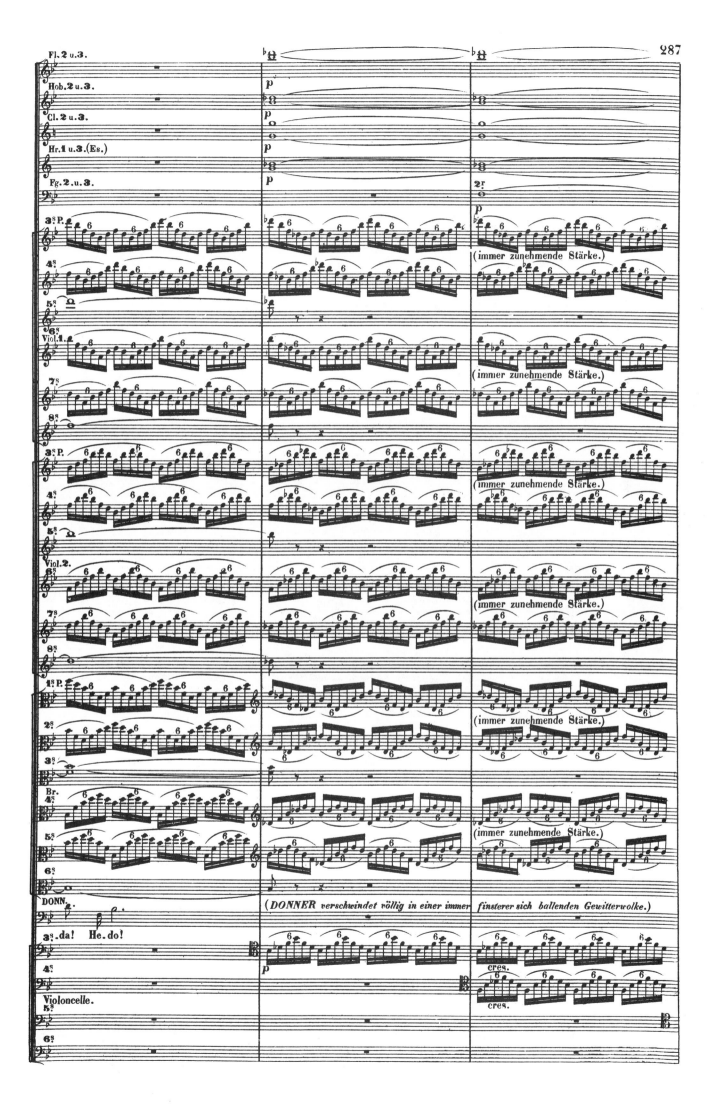

(immer zunehmende Stärke.)

(DONNER verschwindet völlig in einer immer finsterer sich ballenden Gewitterwolke.)

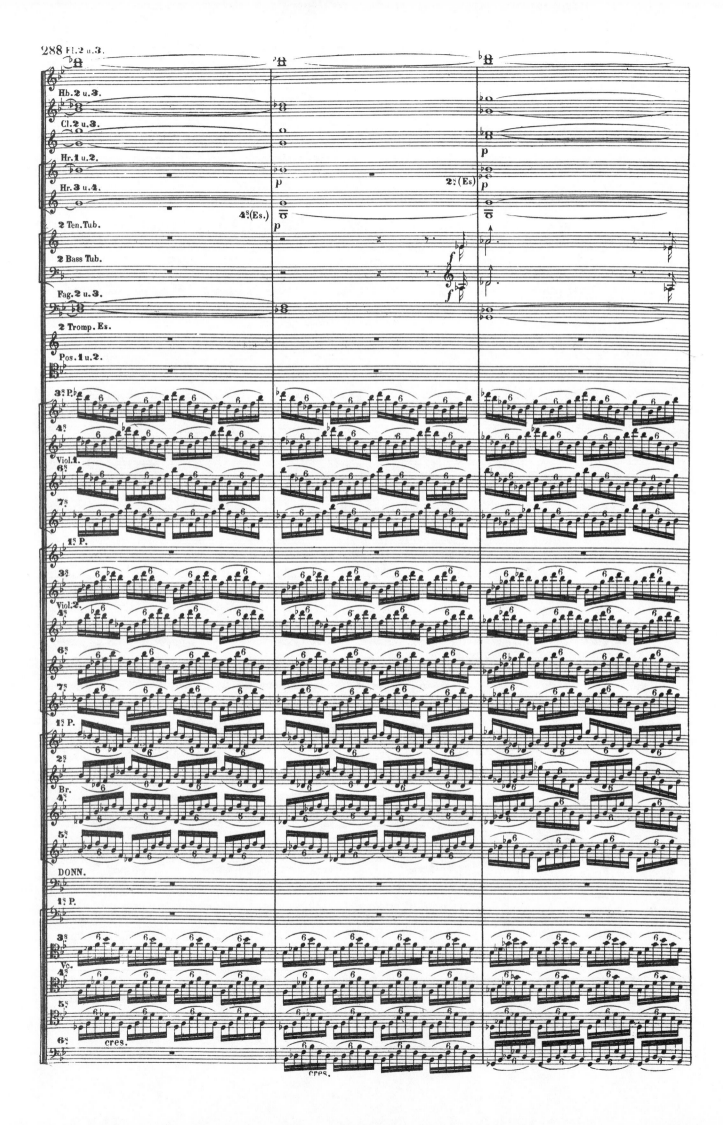

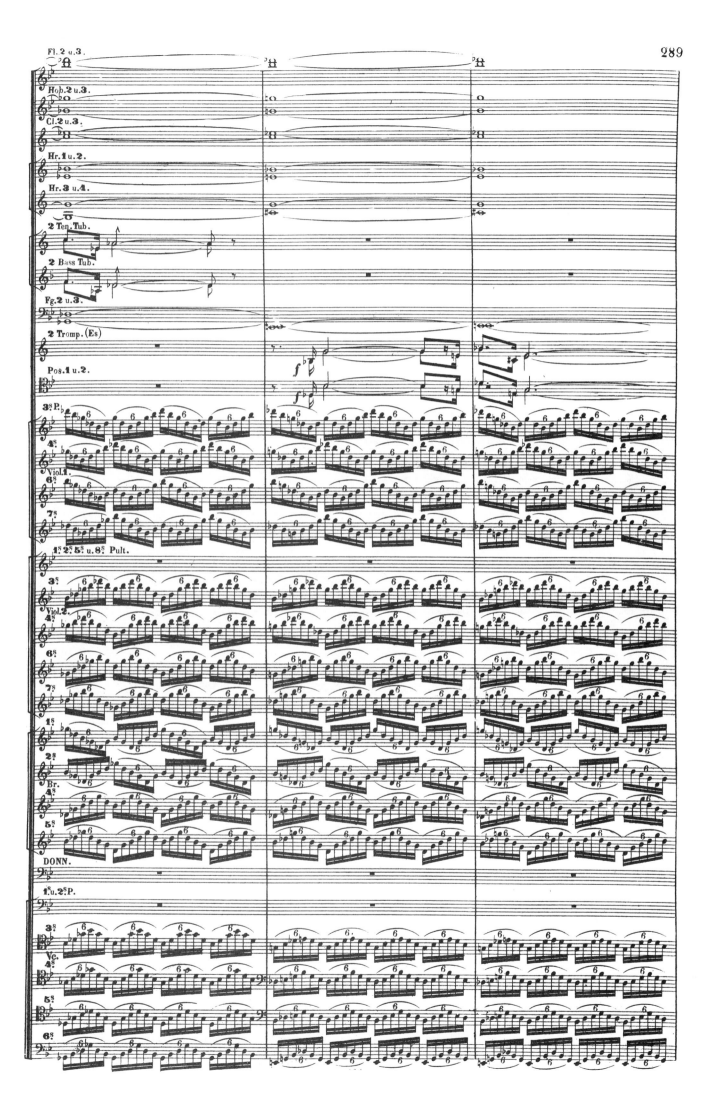

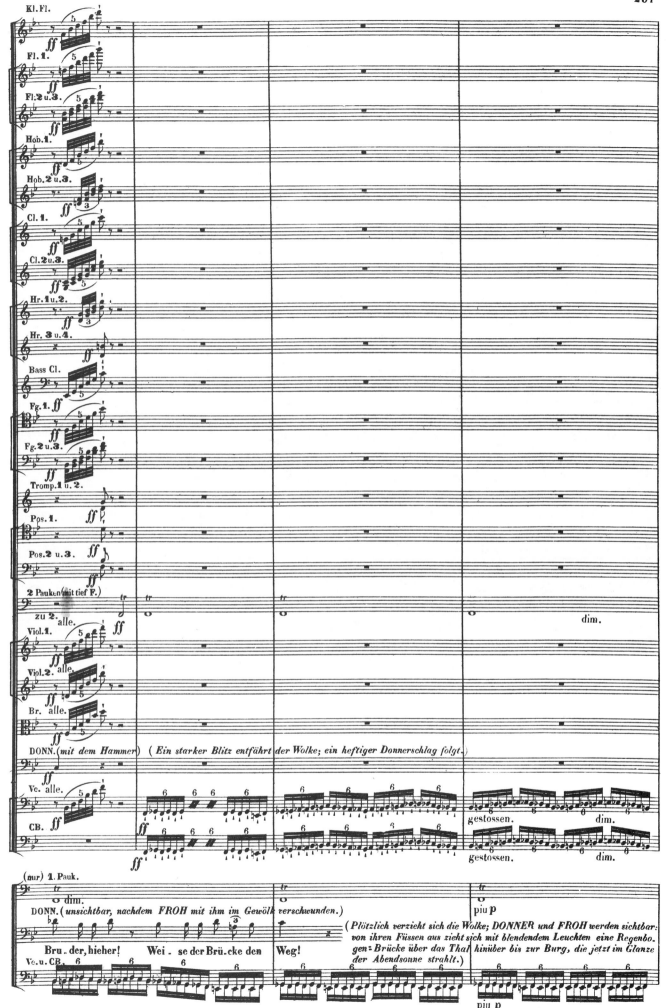

Mässig bewegt.
Fl. 1 u. 2.
pp
Hob. 1 u. 2.
Cl. 3. pp
Hr. 4. pp
(Es.)
weich.
Bass Cl. p
p weich.
Fag. 2 u. 3.
p weich.
Harfe 1.
pp
2e.
pp
3e.
pp
6 Harfen.
4e.
pp
5e.
pp
6e.
pp
1s u. 2s P. p
Viol. 1. Mässig bewegt.
3s u. 4s P.
5s u. 6s P. pp
7s u. 8s P. pp
1s u. 2s pp
3s u. 4s pp
5s u. 6s pp
7s u. 8s pp
pp
Vc.
p
CB.
p

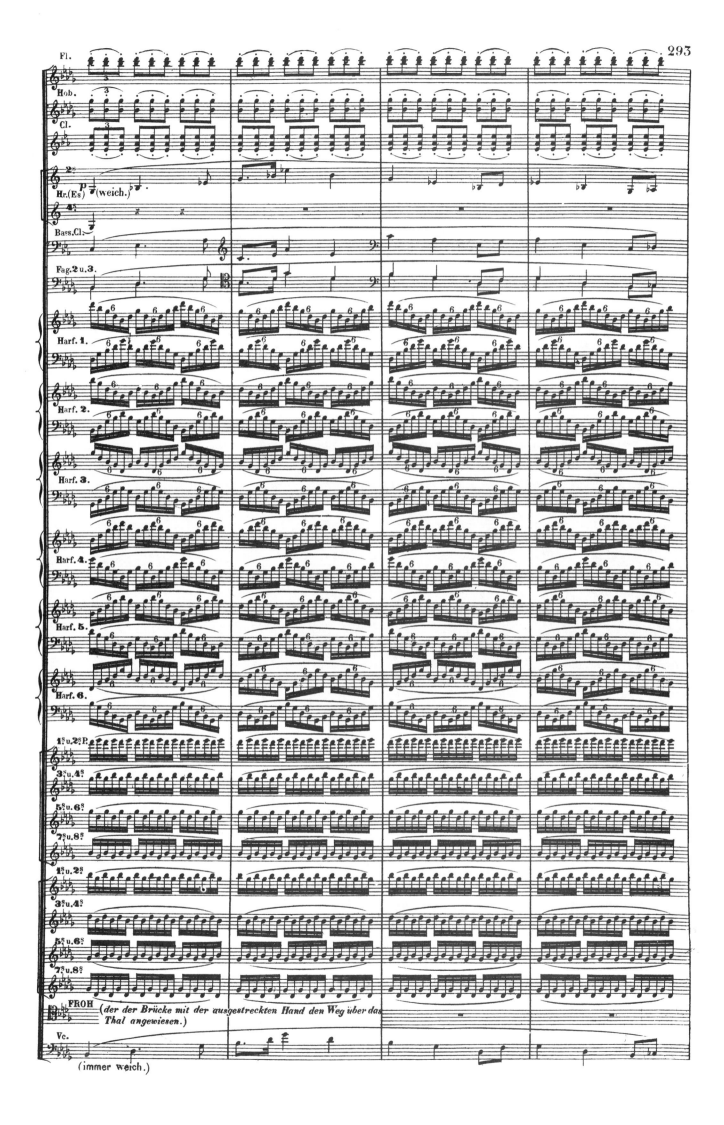

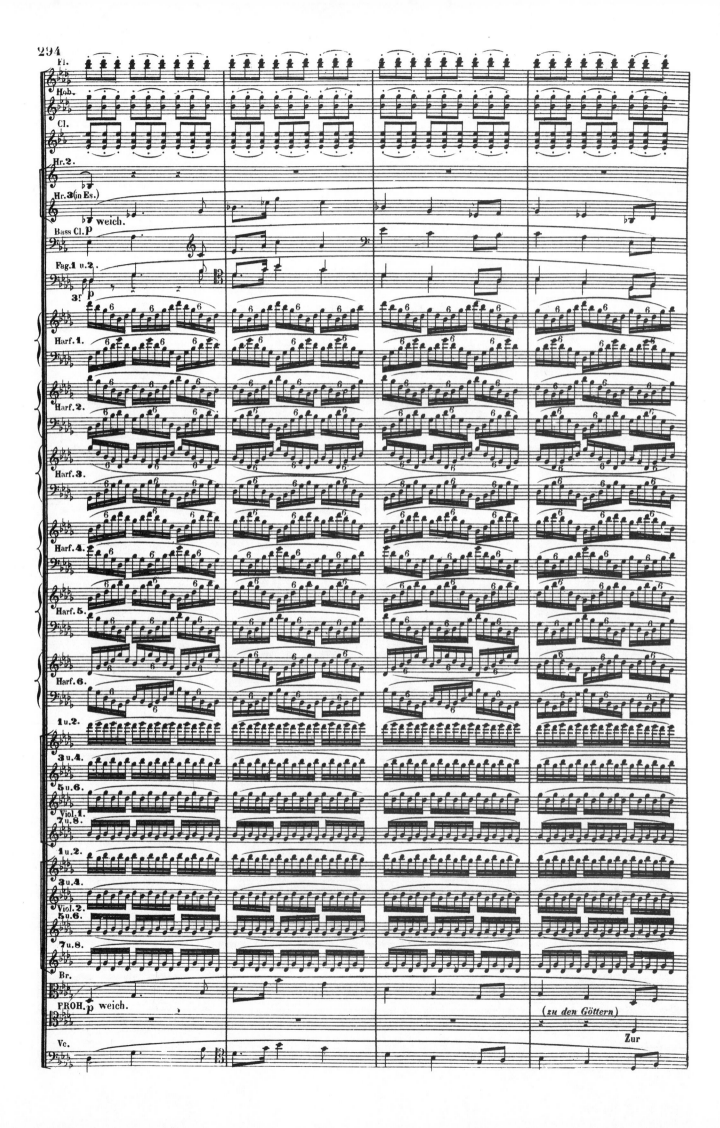

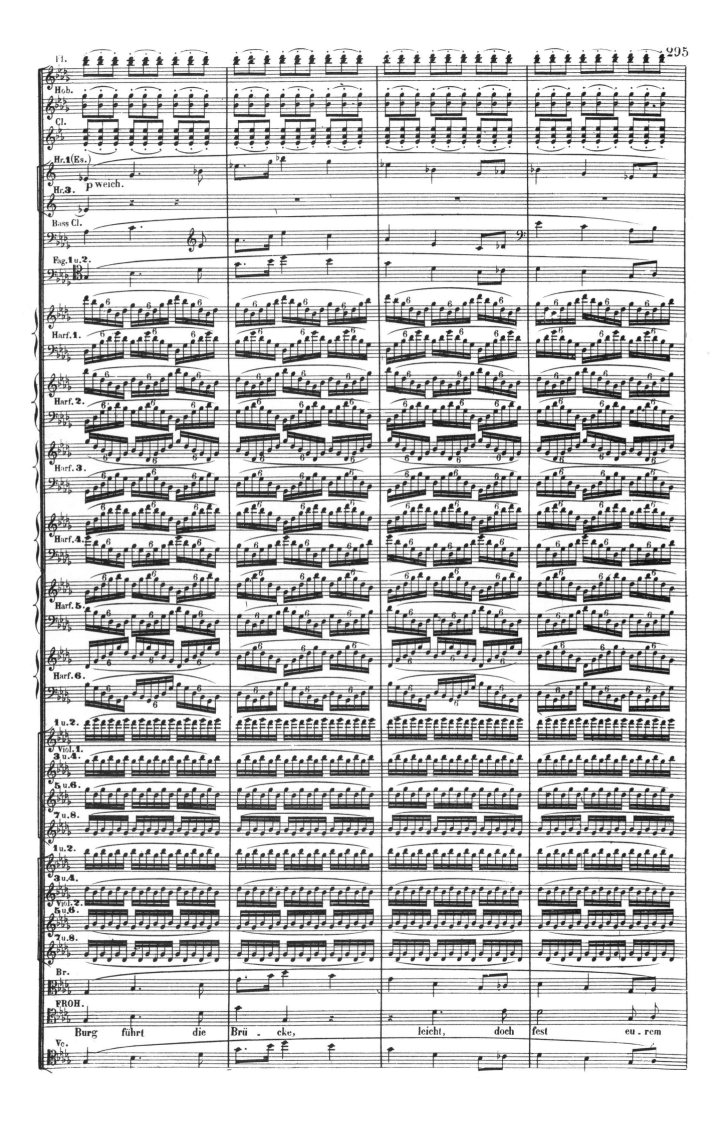

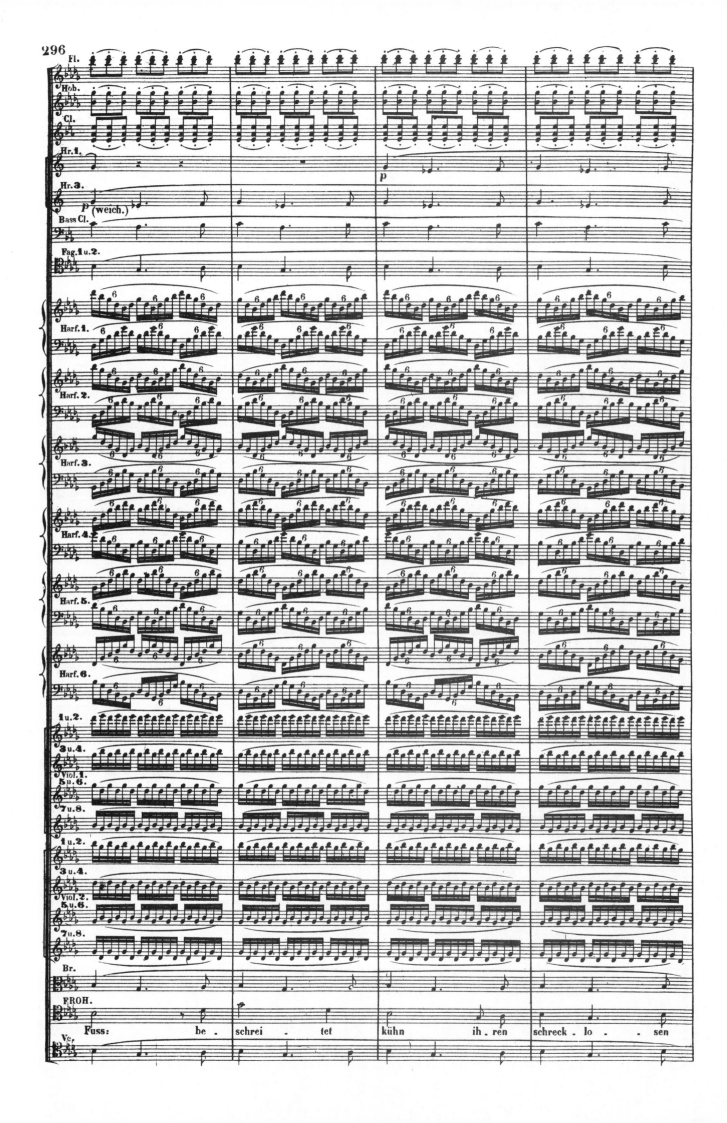

(✱) Die 6 Harfen im Anhange.

298

(WOTAN und die andern Götter sind sprachlos in den prächtigen Anblick verloren.)

(★) Die 6 Harfen im Anhange.

(✱) Die 6 Harfen im Anhange.

300

(★) Die 6 Harfen im Anhange

(✳) Die 6 Harfen im Anhange.

*) Die Harfen (im Orchester im Anhange.

*) Die Harfen im Anhange.

(Während die Götter auf der Brücke der Burg zuschreiten, fällt der Vorhang)

*) Die Harfen im Anhange.

*) Die Harfen im Anhange.

*) Die Harfen im Anhange.

*) Die Harfen im Anhange.

*) Die Harfen im Anhange.

Ende.

# ANHANG.

## SECHS HARFEN zu Pag: 297.

zu Pag: 298

zu Pag: 299

zu Pag: 300

zu Pag: 302

zu Pag: 303

zu Pag: 314

zu Pag: 315

zu Pag: 316

zu Pag: 317

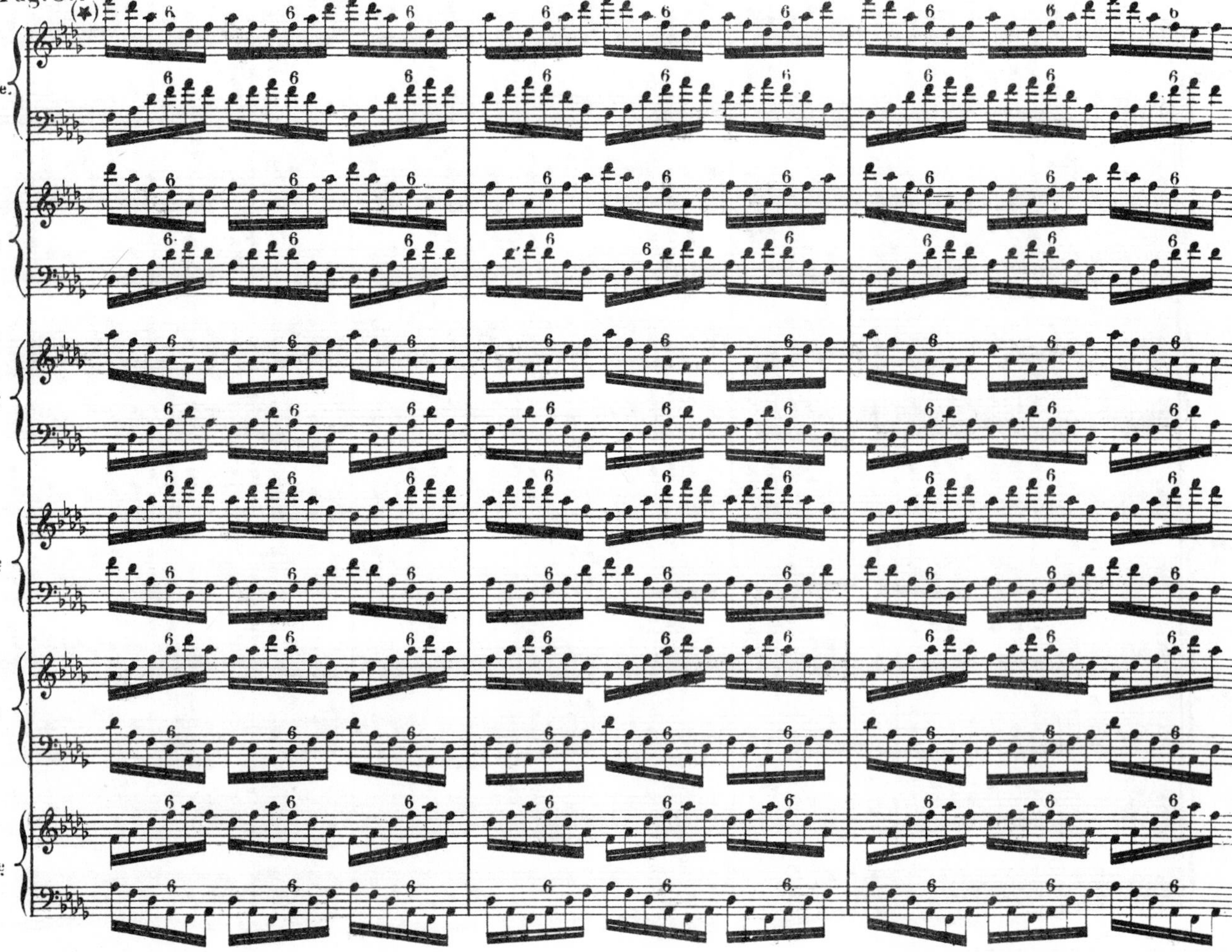

zu Pag: 318

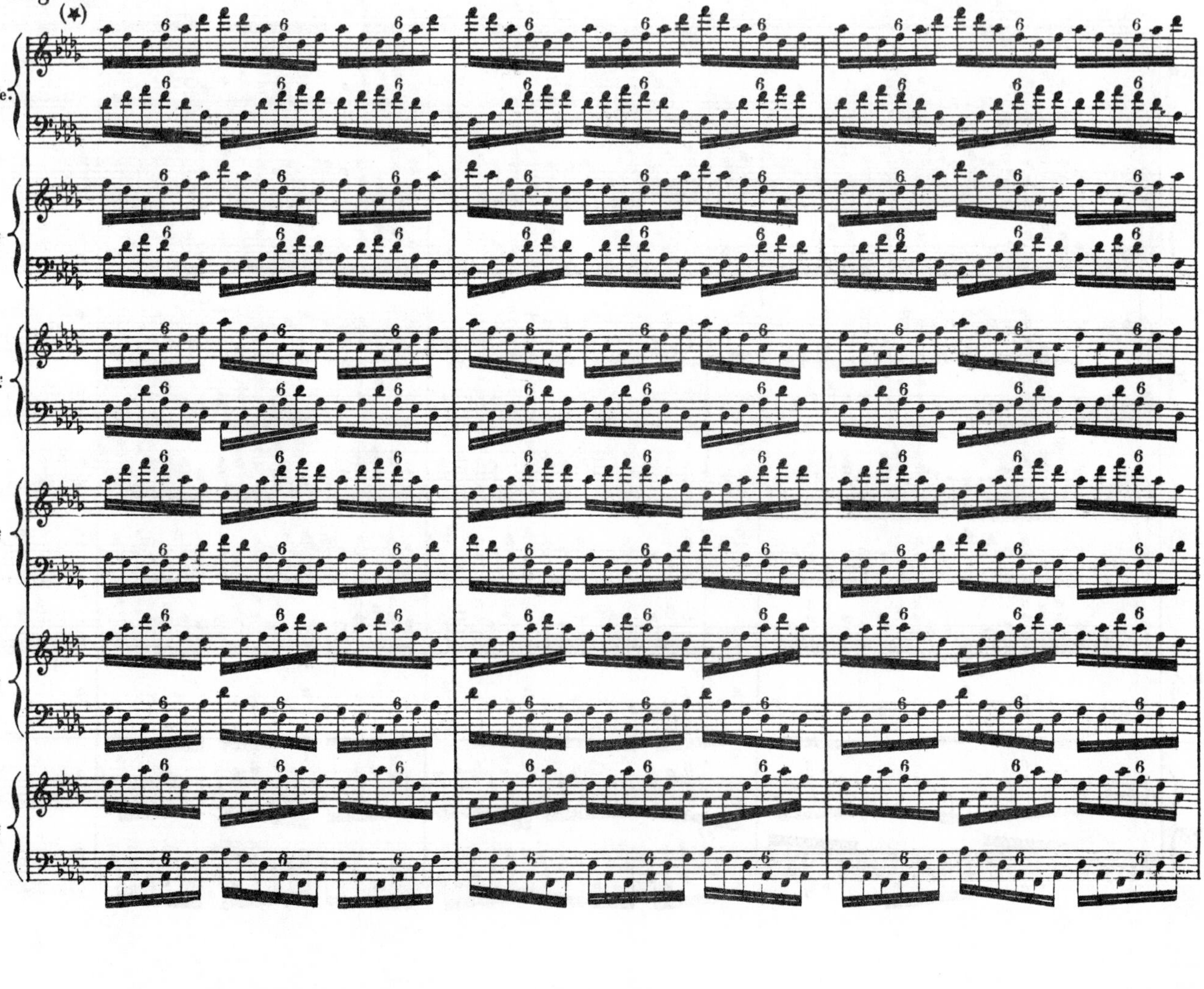

zu Pag:319

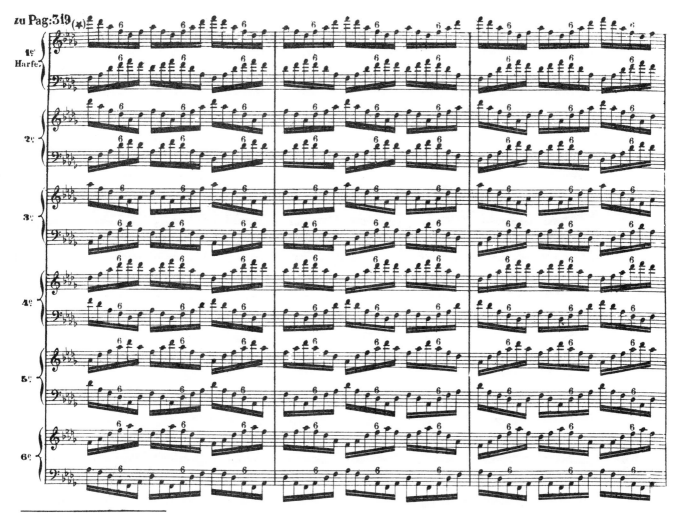

zu Pag:320